5-7세(유치부)
교회학교용

예수님의 꿈 아이

예수님에 대해 배워요

1

두란노

차례 contents

초판발행 | 2004. 12.25
개정 8쇄 | 2023. 12. 4
등록번호 | 제3-203호
등 록 처 | 서울시 용산구 서빙고로 65길 38
발 행 처 | (사)두란노서원
영 업 부 | 2078-3333
출 판 부 | 2078-3304

ISBN 978-89-531-2064-8 (04230)

연구위원 | 김정순, 김윤미, 김현경, 박길나, 이은연, 이은정, 이향순, 표순옥, 한인숙
디 자 인 | 한자영   일러스트 | 박현주, 안나영, 임선경, 정효은, 지민규   사진 | 한치문

※이 책은 CRC(Christian Reformed Church, 미국개혁교회)publications의 「Life」를 바탕으로 두란노 예꿈 교재 연구팀이 한국 실정에 맞게 개발한 도서입니다.

예꿈 1

'예수 사랑' 카드
카드와 카드 지갑 만들기

예수님은 너를 정말 사랑해!
실수를 해도, 욕심을 부려도, 짜증을 내도, 친구와 놀이할 때도, 아기일 때도, 초등학생이 되어도,
예수님은 너를 언제나 사랑하셔!
예수님은 어린이들을 사랑하시고 축복하시는 우리의 친구!

 ## 이렇게 활동해요

① 24쪽 카드 앞면과 지갑에 이름을
쓰고 꾸밉니다.

② 카드의 그림을 보며 어떤 상황인지
이야기를 나눕니다.

③ 카드 뒷면 그림으로 퍼즐을 맞추고
언제나 사랑하시는 예수님의 사랑을
생각해 봅니다.

Tip 코팅을 하거나 끈을 달아도 좋습니다.

예수님이 나를 사랑하세요!

예수님은 어떤 소년이었을까요?

상상 그림 그리기, 인터뷰하기

12살의 예수님을 상상해 보세요.
예수님의 머리와 눈은 어떤 색이었을까요? 눈은 작았을까요?
색칠하거나 여러 가지 재료를 이용해 그림을 완성해 보세요.
12살의 예수님을 만나 인터뷰를 한다면 어떤 질문을 하고 싶은가요?
27쪽 메모지에 적어서 기자의 손에 끼워 주세요.

 예수님은 하나님의 아들이에요!

예수님과 함께 물고기를 잡아요

물고기 접기와 그물 만들기

베드로가 예수님과 함께 물고기를 잡은 것처럼 우리도 물고기를 잡아 볼까요?
이렇게 놀라운 경험을 한 베드로는 예수님의 제자가 되었어요.
예수님이 나도 부르셨어요.

 ## 이렇게 활동해요

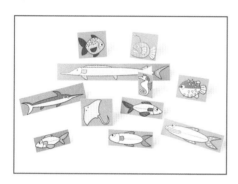

① 25쪽 여러 가지 크기의 물고기를
선대로 접어 세웁니다.

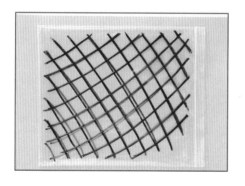

② 지퍼 백에 유성매직으로 그물 모양
을 그립니다.

③ 물고기를 펼쳐놓고 지퍼 백을 움직
여 물고기를 잡습니다.

④ 놀라운 경험을 한 베드로의 마음을
상상해 봅니다.

 예수님이 나를 부르셨어요. 나도 예수님을 따를래요!

예수님, 도와주세요!

만화책 만들기

거친 파도 속에서 예수님은 베드로를 구해 주셨어요. 빈 칸에 맞는 그림과 말풍선을 27쪽, 33쪽에서 찾아 붙이세요.

예수님은 나를 돌보세요. 나는 예수님을 믿을래요!

물이 변하여 포도주 됐네!

색칠하기

아픈 친구를 예수님께로

종이 인형놀이

아픈 친구를 어떻게 도와줄 수 있을까요?
들것을 만들어 친구를 예수님께 데려다 줄래요. 예수님, 친구를 고쳐 주세요!

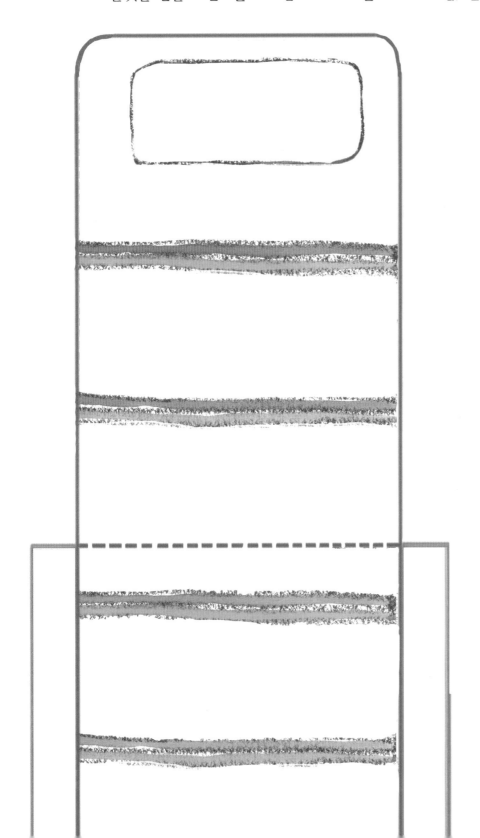

 예수님이 고쳐 주셨어요!

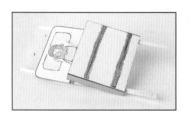

① 들것에 나무젓가
락을 붙이고 이불
을 접은 뒤 아픈
친구를 누입니다.

② 예수님을 만난 친구가
어떻게 되었는지 성경 이
야기를 회상하며 놀이합
니다.

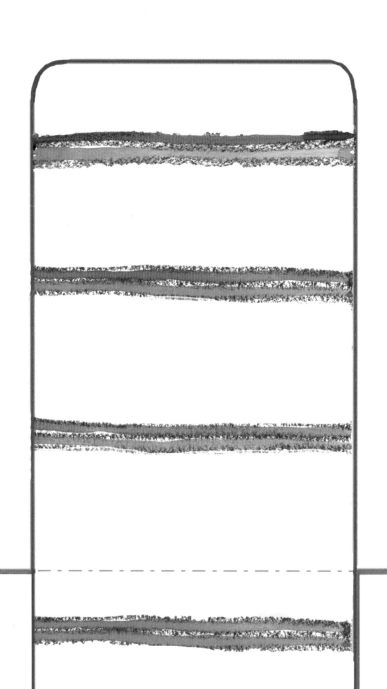

달리다굼!

창문 그림책

야이로는 예수님이 딸을 고쳐 주실 것을 믿고 찾아갔어요.
예수님이 소녀의 손을 잡고 말씀하셨어요.
"소녀야, 일어나라! 달리다굼!"
예수님이 소녀를 살려 주셨어요.

 예수님은 죽은 소녀를 살리셨어요! 나는 예수님을 믿어요!

달리다굼

① 30쪽 소녀 그림을 칼선 대로 떼어 접은 뒤 분홍 색 부분에 풀칠을 하고 반으로 접습니다.
② 12쪽의 그림을 칼선대로 떼어 접은 뒤 ①의 노란 색 부분과 맞붙입니다.

③ 창문을 열며 아버지의 대사 를 따라해 봅니다. "예수님, 도와주세요! 우리 딸이 너무 아파요!"
④ 문 안쪽에 33쪽 예수님 스 티커를 붙입니다.

⑤ "달리다굼! 소녀야 일어나라" 예수님의 말씀을 따라하며 다 음 창문을 엽니다.

풀 칠

풀칠

풀칠

"예수님,
도와주세요!"

풀 칠

나도 마리아처럼

색칠하기

예수님이 어떤 말씀을 하시는지 귀 기울여 보세요.
나는 예수님께 무슨 말을 할까요?
그림을 색칠하고 접어 예수님과 이야기 나누는 장면을 표현해 보세요.

 나는 예수님 말씀을 들을래요!

나사로가 살아났어요

세마포 풀기

나사로가 죽어서 모두 너무 슬펐어요.
그런데 예수님은 나사로를 살려 주셨어요. 와우! 너무 기뻐요!

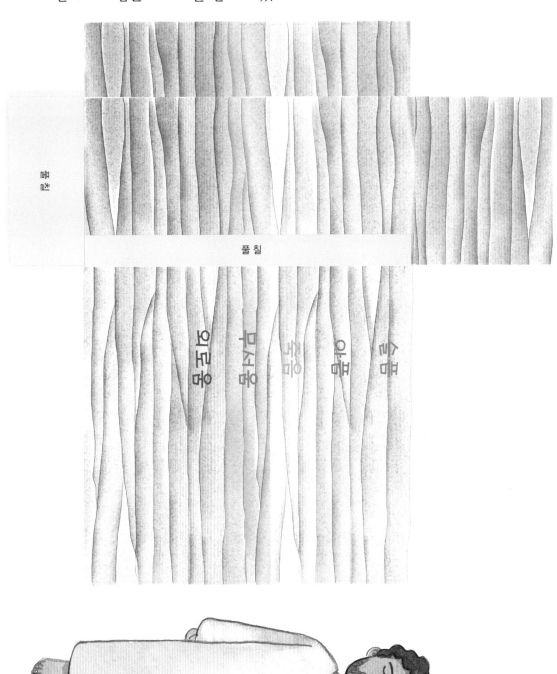

 예수님은 나사로를 살려 주셨어요! 예수님은 슬픔을 없애 주세요!

① 세마포를 선대로 접고 나사로를 감 쌉니다.

② 세마포 조각을 하나씩 풀며 외칩니다.
"△△을 버리고 나사로야 일어나라!"
(슬픔, 아픔, 죽음, 무서움, 외로움)

③ 세마포를 다 풀면 살아난 나사로 모습으로 바꾸며 외칩니다.
"예수님은 나사로를 살려 주셨어요!"

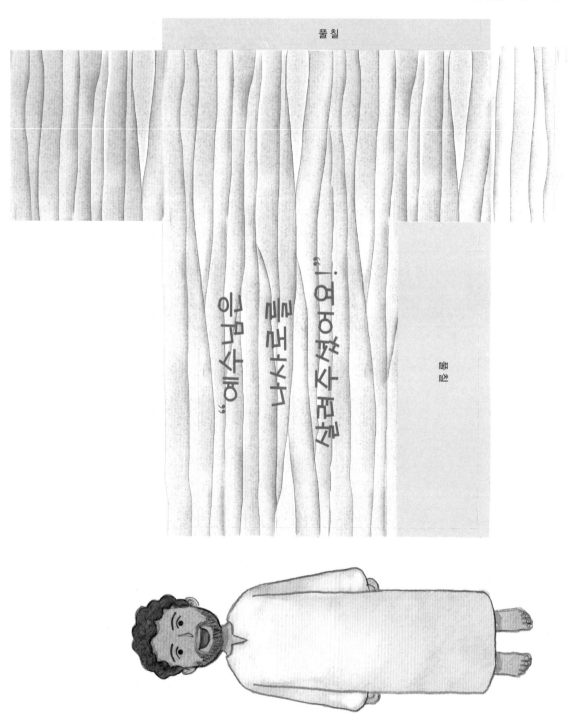

삭개오가 달라졌어요

이야기책 만들기

예수님이 삭개오를 얼마나 사랑했는지 느껴 보세요.
예수님은 우리를 정말 사랑하세요! 사랑으로 우리를 용서하세요!

① 페이지 순서에 맞춰
책을 만듭니다.

② 그림에 맞는 글자 스티커를
찾아 붙입니다.

③ 성경 이야기를 읽어 보고
이야기를 나눕니다.

 예수님, 내 잘못도 용서해 주세요!

3

2

4

1

아버지 집으로 가는 길

길 찾기 게임

하나님 아버지의 집으로 가는 길을 찾아 보세요.
아버지는 나를 사랑하세요. 나를 위해 좋은 것을 준비해 두셨어요.
길을 안내하는 스마일 스티커를 붙이고
보물이 가득 쌓인 아버지 집을 스티커로 꾸며 보세요.

하나님 아버지가 최고예요!

호산나!
종려나무 가지 만들기

호산나! 왕이신 예수님을 찬양해요!

 ## 이렇게 만들어요

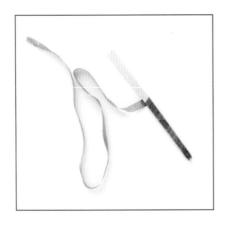

① 나무젓가락에 초록 테이프를
   감싸 나무 줄기를 만듭니다.

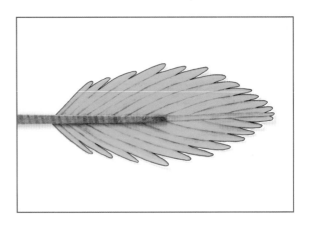

② ①을 종려나무 잎에 붙입니다.

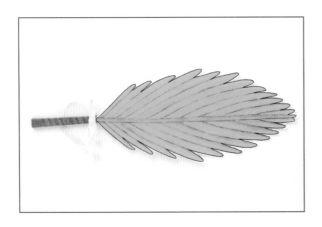

③ 리본 등으로 장식합니다.

④ 예수님이 예루살렘 성에 들어가실 때 "호산나"를
   외치며 환호하는 백성들의 모습을 연출해 봅니다.

Tip : '호산나'는 '주를 찬양하라!'는 뜻입니다.

 호산나! 예수님은 우리의 왕!

살아나신 예수님을 알려요

부활절 리스 만들기

예수님이 약속대로 살아나셨어요! 이 좋은 소식을 전해요!

예수님이 나를 위해 살아나셨어요!

장식을 겹겹이 붙이고 고리를 만듭니다. 스티커를 활용해도 좋습니다.
Tip : 도톰한 양면테이프를 이용하면 효과적으로 입체감을 살릴 수 있습니다.

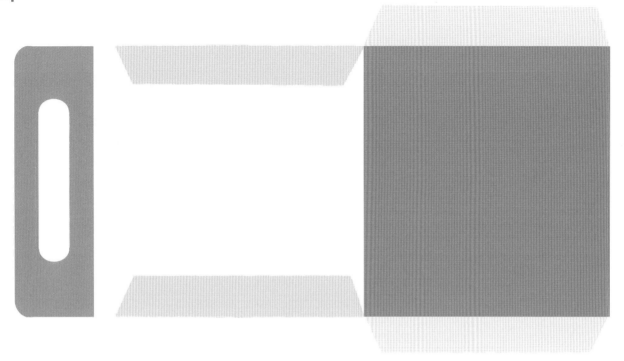

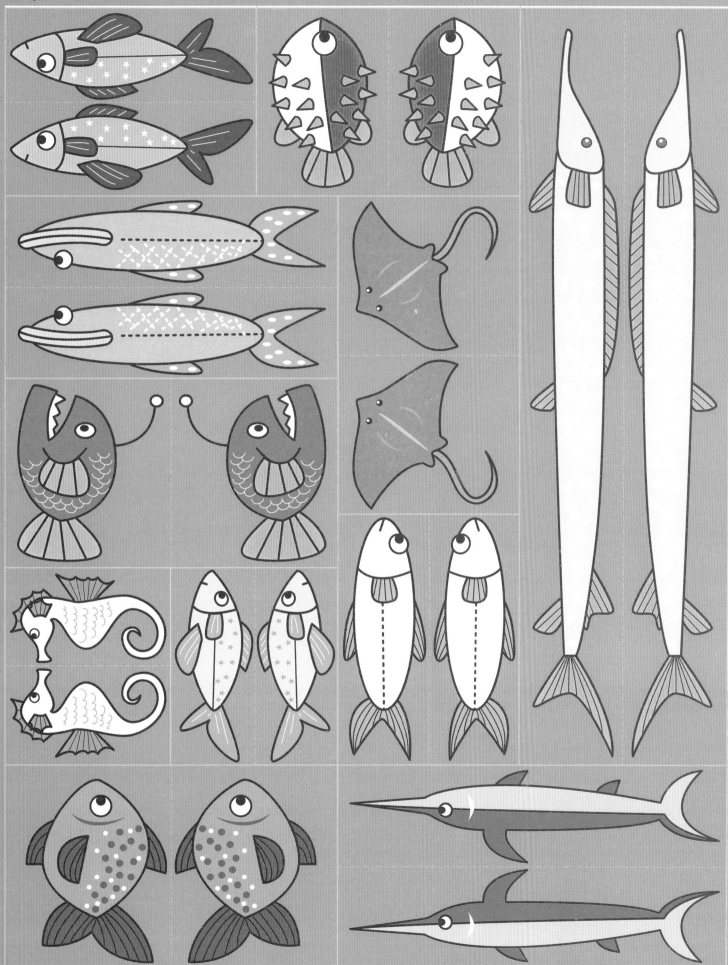

2과

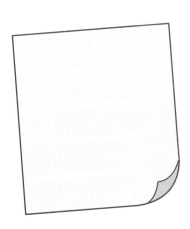

4과

풀 칠

풀 칠

풀 칠

풀 칠

풀 칠

풀 칠

풀 칠

풀 칠

풀 칠

4과

 유령이다!

예수님! 구해 주세요.

파도가 무서워!

10과

 삭개오는 사람들의 돈을 더 많이 거뒀어요.

 그래서 사람들은 삭개오를 미워했어요.

7과

 그러나 예수님은 삭개오를 만나 주시고 친구가 되어 주셨어요.

 예수님의 친구가 된 삭개오는 달라졌어요. 받은 돈을 다시 돌려주었어요.

13과

11과